AF452508

LE
PETIT ESCAMOTEUR.

V.

LE
PETIT ESCAMOTEUR.

CONTENANT

Les secrets et les recettes de toutes les magies,
expériences de physique amusante,
fantasmagories, combinaisons, tours de gobelet, etc.,
connus jusqu'à ce jour.

PARIS,

Librairie populaire des villes et des campagnes
Rue du Paon-Saint-André, 8,
1850

Poissy. — Typographie Arbieu.

LE
PETIT ESCAMOTEUR.

ESCAMOTAGES ET COMBINAISONS
SINGULIÈRES.

MARMITE MIRACULEUSE. A une marmite ordinaire adaptez un plateau creux de trois à quatre pouces. Pour faire l'expérience, on place une poule vivante dans la marmite, on la couvre du plateau; l'escamoteur, vêtu en marmiton, se prépare à faire cuire une poule; il met dans le plateau une poule dépécée, il ajoute de l'eau, du beurre, du sel, du poivre, etc., couvre le tout et l'approche du feu; la chaleur anime la poule enfermée; elle s'agite et s'échappe en renversant le couvercle et le plateau. Cette récréation, tant soit peu bouffonne, excite le rire de tous les spectateurs.

Un écu a travers une table. Montrez l'écu aux spectateurs, substituez habilement un autre écu garni d'un hameçon ou d'une épingle à crochet. Placez-le au milieu de la table sous un mouchoir, pincez-le de la main gauche avec le mouchoir, et tenez-le suspendu au-dessus d'une assiette placée également sous le mouchoir; prenez un gobelet de la main droite, dans laquelle est caché l'écu que vous avez fait voir; placez cette main sous la table; quand tout est ainsi disposé, laissez tomber l'écu du mouchoir dans l'assiette, puis immédiatement le second écu dans le gobelet; l'oreille du spectateur, frappée de ce bruit, croit entendre le même écu, et qu'il a traversé l'assiette et la table pour aller tomber dans le gobelet, et ce qui le confirme dans sa croyances c'est que l'escamoteur, après avoir accroché l'écu au mouchoir, montre celui-ci, et le secoue de manière à faire croire que cet écu a disparu.

Argent fondu dans la main. Faites un amalgame de mercure et de râpures d'étain ou de plomb ; cet amalgame est fort mou, et fond quand on le tient dans la main : on demande un écu, on l'escamote, en feignant de le cacher dans la main où est l'amalgame, que l'on fait couler sur le plancher.

Œuf dansant. On vide un œuf, on introduit dans l'intérieur de sa coque une petite cheville qui se trouve appuyée transversalement sur la surface intérieure de la coque : un fil y est attaché, ce fil est terminé par une épingle en crochet, fixée au vêtement de l'opérateur ; on met l'œuf dans un chapeau, on prie un des spectateurs de prêter une canne ou une badine : on la sur u n chapeau, on la fait tomber, et l'œuf qui reste suspendu après la badine, paraît glisser en traversant d'un bout à l'autre. Il paraît le faire en mesure, et être sensible à l'harmonie ; si en même temps on fait jouer de quelque instrument , et que l'escamoteur tourne légèrement sur ses talons, et imprime à l'œuf un mouvement de cadence , cette récréation est extrêmement agréable.

ALÈNE DANS LE FRONT. Cette alène est composée d'un manche creux et d'un fil d'archal bien droit dans sa partie extérieure , mais tourné en vis dans la partie qui est dans le manche.

Lorsque la pointe est appuyée contre le front du faiseur de tours, elle entre dans son manche. Le spectateur ne connaissant point ce mécanisme, s'imagine qu'elle est entrée dons le front. Lorsque ensuite on cesse de la pousser contre la tête, l'élasticité du fil d'archal lui fait prendre sa première position en la repoussant au dehors.

L'ANNEAU ET LE BATON. Pour faire passer invisiblement un anneau dans un
bâton, vous demandez un anneau; vous
mettez cet anneau dans le milieu d'un
mouchoir, vous le prenez ensuite avec
la main droite, et vous mettez le mouchoir par-dessus l'anneau. Vous faites
tâter pour faire voir qu'il est dans le
mouchoir; puis vous dites : Il n'est pas
bien comme cela, il faut le retourner. En
même temps vous cognez dessus avec
le bâton; alors vous mettez le bout du
bâton par-dessous le mouchoir, dont les
bouts tombent en bas; en même temps,
vous laissez couler l'anneau dans le bâton jusque dans votre main, vous retirez le bâton de dessous le mouchoir et
vous appuyez le bout du bâton sur la table, pour faire couler la main, avec l'anneau dans le milieu du bâton: Vous
faites tenir à quelqu'un les deux bouts
du bâton, et ne quittez point la main
droite de dessus l'anneau; vous enveloppez le mouchoir autour de l'anneau,
d'abord qu'il est couvert; vous pouvez

ôter votre main; vous continuerez à envelopper le reste du mouchoir; ensuite vous le retirez de dessus le bâton, et l'anneau se trouvera enfilé dans le bâton; on croira alors qu'il est passé du mouchoir dans le bâton.

Les anneaux et le ruban. Pour faire ce tour avec succès, voici comment il faut s'y prendre. Mettez d'abord en double un premier ruban de manière que ses deux extrémités se touchent, faites-en de même un second; après quoi, attachez les deux rubans ensemble par le milieu, avec un fil de la même couleur : ceci étant préparé d'avance, quand vous voudrez faire le tour, donnez à un des spectateurs les deux bouts du premier ruban, et à un autre les deux bouts du second; par ce moyen, leurs yeux seront trompés, chacun croira tenir dans sa main les deux extrémités de deux rubans différents : mais il n'en sera rien; car si, dans cette position, ils venaient à tirer bien fort, les deux rubans se séparaient, et les anneaux tomberaient par terre. Pour éviter cet accident, et pour terminer avec succès, il faut les prier de se rapprocher l'un de l'autre, de demander à chacun un des bouts qu'il tient, les entrelacer comme pour commencer un nœud, et rendre ensuite à chacun d'eux celui des bouts que l'autre tenait auparavant. Par ce moyen, chacun tient alors les deux extrémités de deux rubans différents. La supercherie ne peut alors être aperçue; les anneaux qui n'ont jamais été engagés dans le double ruban sont enlevés bien facilement lorsqu'on casse le fil; et le spectateur, qui les a cru bien enfilés, est étonné de voir qu'ils n'y sont plus. On peut, au lieu d'anneaux, se servir de clés, ou bien de trois petites boules percées au milieu.

Le cadran. Déterminer sur un cadran l'heure qu'une personne aura secrètement choisie pour se lever.

Dites à cette personne de mettre à

volonté son doigt sur une des heures du cadran, autre que l'heure à laquelle elle se propose de se lever ; ajoutez mentalement 12 à l'heure qu'elle indiquera avec le doigt. Supposons qu'elle indique 4 heures ; dites-lui de prononcer à voix basse, sur 4 heures indiquées, l'heure à laquelle elle veut se lever, et de suivre, en rétrogradant, jusqu'à 16 où elle fixera son doigt : elle indiquera elle-même l'heure de son lever.

Supposons qu'elle veuille se lever à 9 heures ; elle dira tout bas, 9 sur 4 heures, 10 sur 3, 11 sur 2, 12 sur 1, 13 sur midi, 14 sur 11 heures, 15 sur 10, et 16 sur 9, où elle fixera son doigt ; et ce sera l'heure qu'elle a pensé.

Le Berger. On demande à un berger combien il a de moutons dans sa bergerie. Il répond qu'il en ignore le nombre ; mais qu'il sait qu'en les comptant deux à deux, il en reste un ; trois à trois, il en reste un : quatre à quatre, il en reste un ; cinq à cinq, il en reste un, six à six, il en reste un ; et qu'en les comptant sept à sept, il n'en reste point. On demande d'en terminer le nombre.

J'observe que le nombre cherché doit contenir le produit successif de ces nombres 2, 3, 4, 5, 9; plus une unité. Ce nombre est donc :
1°   2, multiplié par 3, donne   6
2°   6, multiplié par 4, donne 24
3° 24, multiplié par 5, donne 120
4° 120, multiplié par 6, donne 720
             Plus. . . . . 1, unité

Nombre cherché. . 871 m.

LE VOLEUR. Un voleur, en s'enfuyant, fait huit lieues par jour : un gendarme le poursuit, qui n'a fait que trois lieues le premier jour, cinq le second, sept le troisième, et ainsi de suite, en augmentant de deux lieues chaque jour. On demande combien de jours mettra le gendarme pour atteindre le voleur, et combien de lieues chacun aura faites.

Pour résoudre cette question et ses

semblables, ajoutez le nombre deux des lieues que le gendarme fait chaque jour de plus que le précédent, au double seize du nombre huit des lieues que le voleur fait chaque jour, et ayant ôté de la somme dix-huit, le double 6 du nombre trois des lieues que le gendarme a faites le premier jour, divisez le reste, nombre douze, par le deux des lieues que le gendarme fait de plus chaque jour, et le quotient six fera connaître que le gendarme atteindra le voleur au bout de six jours et que, par conséquent, chacun aura fait 48 lieues, parce que six fois huit font quarante-huit, et que la somme de ces six termes de la progression arithmétique 3,5,7,9,11,13, fait aussi quarante-huit.

L'AVEUGLE. On introduit un aveugle dans une assemblée de demoiselles : trompé par le bruit qu'il entend, il leur dit : Bonjour, les 24 belles demoiselles; une d'entres elles lui répond : Nous ne sommes pas 24; mais si nous étions cinq fois ce que nous sommes, nous serions autant au-dessus de 24 que ce que nous sommes au-dessous de ce nombre. On demande le nombre des demoiselles.

Le nombre des demoiselles était 8; et en effet, 5 fois 8 font 40, qui surpasse 24 de 16 comme 24 surpasse 8 du même nombre 16.

LE POISSON. Un voyageur, arrivé de Congo, a apporté à Paris un poisson dont la tête a neuf décimètres de longueur; la queue est aussi longue que la tête, plus la moitié du corps; le corps enfin est aussi long que la tête et la queue réunies. On demande quelle est la longueur de la queue, quelle est celle du corps?

Le poisson a le corps long de trente-six décimètres, et la queue longue de vingt-sept.

LA GARDEUSE D'OIES. Une fille gardait des oies qui paissaient dans un champ; un passant lui demande à combien se montait le nombre de ses oies. Elle répond : j'en ai tant, si j'en avais encore autant, et la moitié d'autant avec le quart d'autant et la poule qui les a couvées, j'en aurais juste cent. On demande quel est le nombre des oies qu'elle gardait ?

On suppose qu'elle en avait. 36
Car en ayant encore autant. 36
Plus, la moitié d'autant qui fait . 18
Plus, le quart d'autant qui fait . 9
Et la poule qui les a couvées qui fait. 1

       Le total est. . . . 100

Les trois sœurs. Dans une compagnie où plusieurs personnes s'entretenaient de leur âge, une demoiselle, à qui on demandait le sien, répond : Nous sommes trois sœurs, Lise, Clotilde et moi Fanny. Lise a deux ans de plus que moi, Clotilde huit de moins ; à nous trois nous en avons 50. Calculez et vous saurez l'âge de mes sœurs et le mien.

Prenez d'abord le tiers de 50 qui fait 18 ans et 8 mois ; ajoutez à 16 ans 8 mois 2 ans, ce qui fera 18 ans 6 mois, qui est positivement l'âge de Fanny. Ôtez ensuite sur l'âge de Fanny 8 ans que Clotilde a de moins, il restera 10 ans 8 mois. Soustrayez l'âge des deux sœurs Fanny et Cloltide de 50 ans qu'elles ont à elles trois, il restera 20 ans et 8 mois pour Lise ; ce qui fait juste, en réunissant ces trois nombres, le total de 50 années.

Les deux ages. L'âge d'un père est triple de celui de son fils ; on demande dans conbien d'années l'âge du père ne sera que double de celui qu'aura le fils ; et si la chose est possible ?

Soit l'âge du père quarante-cinq ans, l'âge du fils quinze ans ; en ajoutant quinze de part et d'autre, le fils aura alors trente ans, et le père soixante ; il aura par conséquent le double de l'âge de son fils.

Pièces devinées. Une personne tenant une pièce d'or dans une main, et

unepièce d'argent dans l'autre, je trouve en quelle main est la pièce d'or,
et en quelle main est la pièce d'argent

J'assigne, pour cet effet, à la pièce
d'or, une valeur quelconque qui soit
un nombre pair, et à la pièce d'argent, une valeur qui soit un nombre
impair; après quoi je procède absolu-
ment comme dans le tour précédent.

BAGUETTE DIVINATOIRE. On présente
à la compagnie une douzaine de boîtes,
et l'on prie quelqu'un de mettre secrètement dans une, un écu de six livres.
On fait mettre successivement ces boîtes
sur une table; ensuite, sans les ouvrir
et sans les toucher, on porte sur chacune en particulier une baguette qu'on
soutient sur les deux index, et quand
on arrive à celle qui contient l'écu, la
baguette se met à tourner rapidement,
ce qui fait croire à plusieurs personnes
que des émanations métalliques sont la
cause de cette rotation. •

Chaque boîte doit avoir dans l'intérieur un double fond mobile tant soit peu éloigné du premier par l'action d'un faible ressort.

Ce double fond presse le ressort en descendant d'une demi-ligne quand il est chargé du poids de l'écu de six livres, et par ce petit mouvement, il fait paraître au dehors un très-petit clou qui était auparavant imperceptible ; c'est à l'apparition de ce clou qu'on reconnaît la présence de l'écu dans la boîte.

———

EXPÉRIENCES SUR LE FEU ET L'EAU.

SE RENDRE INCOMBUSTIBLE. En se frictionnant fréquemment la peau avec de l'acide sulfurique étendu d'eau, cette peau devient insensible à l'action du feu, au point que l'on peut supporter le contact d'un fer rouge, et entrer dans un four d'une température fort élevée.

RENDRE HIDEUX LE VISAGE. Mettez dans de l'esprit de vin du safran et de l'hydrochlorate de soude, agitez cette liqueur, jetez dedans des étoupes enflammées et éteignez les bougies, le visage de chaque personne paraîtra d'un vert livide et les lèvres seront couleur de bronze.

BOIS INCOMBUSTIBLE. Faites dissoudre de la terre siliceuse dans de l'alcali caustique, et étendez cette liqueur sur le bois, vous pourrez ensuite le jeter dans le brasier le plus ardent sans que le feu ait la moindre action dessus.

VOLCAN ARTIFICIEL. Après avoir mis 15 kilogram. de limaille de fer, et autant de soufre dans une petite quantité d'eau, et avoir mêlé le tout de manière à en faire une espèce de pâte, il faut enterrer ce mélange à 65 centimètres de profondeur. Au bout d'un certain temps il se dégage des gaz, le volcan fait éruption, projette des cendres et du fer, et renverse tout ce qui l'environne.

SUSPENDRE UNE BAGUE. Faites tremper pendant quelques heures une aiguillée de fil dans de l'eau salée, et laissez-le sécher; puis attachez une bague à l'une des extrémités de ce fil et suspendez-le au dessus de la lumière d'une bougie, le fil brûlera, mais la bague ne tombera pas.

POUDRE A CANON. Après avoir réduit en poudre et séparément 15 livres de salpètre, 3 livres de charbon et 2 livres de soufre, mêlez le tout, ajoutez-y un peu d'eau et faites-en une pâte que vous laisserez sécher. Vous passerez alors cette composition à travers un tamis métallique, et vous aurez de très-bonne poudre,

TIRER SUR SOI UN FUSIL CHARGÉ. Après avoir mis dans le fusil quelques grains de poudre seulement, on y glisse la balle, et l'on met tout le reste de la charge de poudre par dessus. L'explosion pourra être très-forte, mais la balle tombera aux pieds du tireur.

FONDRE UNE PIÈCE DE MONNAIE. Après avoir bien mêlé trois parties de nitre ou salpêtre réduit en poudre, une partie de fleur de soufre et une partie de sciure de bois très-fine, on met une portion de cette poudre dans une coquille de noix; on pose ensuite sur la poudre, dans la coquille, une petite pièce de monnaie d'argent ou de cuivre que l'on a d'abord roulée; on remplit cette coquille de la poudre, on la presse de manière à en faire tenir le plus possible, et l'on met le feu à la poudre en plaçant la coquille sur des charbons allumés; la poudre étant brûlée, on trouve la pièce de monnaie en lingot, et la coquille qui aura pu être noircie, ne sera cependant pas brûlée.

IMITER LA LUNE. Après avoir introduit de petits morceaux de phosphore dans un globe de verre creux, chauffez ce globe jusqu'à ce que le phosphore s'enflamme, et tournez le globe en tout sens, afin que le phosphore fondu cou-

vre la moitié de sa surface. Quand l'inflammation aura cessé, il restera sur le
verre une croûte blanchâtre qui répan-
dra une lumière semblable à celle de
la lune.

Feu d'artifice. On remplit d'hydrogène carboné plusieurs vessies munies
de robinets auxquelles on adapte des tubes percés de petits trous en différents
sens, ayant des formes diverses pour
imiter en tournant des étoiles, des so-
leils, des gerbes de feu, etc. Quand on
veut commencer le feu, on ouvre le ro-
binet, on comprime la vessie, et l'on
allume le gaz.

Éteindre et rallumer la chandelle. Après avoir construit deux petites figures et leur avoir placé à chacune un petit tuyau dans la bouche,
vous introduisez dans l'un un peu de
phosphore, et dans l'autre un peu de
poudre à tirer. Si vous présentez à cette
dernière une chandelle allumée, la poudre fera explosion et éteindra la lu-

mière; approchez aussitôt la chandelle de l'autre figure, et le phosphore la rallumera. On peut, de la même manière, rallumer une chandelle nouvellement éteinte avec la pointe d'une épée sur laquelle on mettra une parcelle de phosphore.

AUTRE. Placez deux bougies à côté l'une de l'autre ; l'une allumée et bien éméchée, l'autre éteinte, et ayant à l'éxtrémité de sa mèche une parcelle de phosphore; tirez à une distance de 5 ou 6 pas sur ces bougies un pistolet chargé à poudre; aussitôt la commotion de l'air éteindra la bougie allumée, et en même temps le phosphore allumera l'autre.

AUTRE. On peut s'amuser facilement avec cette expérience à la campagne ou même à la ville, dans un jardin un peu grand: l'on peut faire défi au plus adroit tireur, et être sûr de remporter la victoire.

Vous prendrez un fusil, vous y mettrez la charge ordinaire de poudre et une balle de plomb. Votre adversaire en fera autant de son côté; vous le laisserez tirer le premier, pour lui voir manquer le coup, attendu qu'il est très difficile à une pareille distance d'avoir l'œil assez juste pour parvenir à éteindre une bougie.

Après l'avoir badiné sur son adresse prétendue, vous vous mettrez en devoir de tirer votre coup, et vous éteindrez la bougie au grand étonnement des spectateurs qui vous auront vu charger votre fusil à l'ordinaire, avec poudre et balle, mais qui ne se seront point aperçus que votre balle était percée de part en part en forme de croix.

Tout le merveilleux de cette expérience consiste dans cette balle percée, où l'élasticité de l'air qui la chasse, acquiert une force divergente en passant par les trous de cette balle, et lui donne les moyens de produire cet effet surprenant.

MANGER DU FEU. On a vu un Anglais

faire rôtir un morceau de viande sur la langue, allumer un charbon dans sa bouche avec un soufflet, l'enflammer par un mélange de poix noire, de poix résine, de soufre enflammé. Ce mélange allumé produisait dans sa bouche le même frémissement que l'eau dans laquelle les forgerons éteignent le fer, et bientôt après il avalait ce charbon enflammé, cette poix, ce soufre et cette résine. Il empoignait une barre rouge avec ses mains, qui n'étaient cependant pas plus calleuses que celles d'un autre homme. Enfin il tenait un fer rouge entre ses dents.

Ce n'est que par une habitude, d'abord très-douloureuse, et une disposition dans les organes, qu'un tel homme est parvenu à les rendre insensibles. Ce secret consiste à se frotter les mains, la bouche, les lèvres, le palais, avec de l'esprit de soufre, vraisemblablement affaibli dans les commencements, et que l'on emploie ensuite plus actif. Cet acide corrode l'épiderme, et le rend aussi dur qu'un cuir. En répétant cette opération, l'épiderme devient si dur, qu'il gêne les mouvements de la bouche. Les bateleurs se lavent avec du vin bien chaud, et enlèvent la peau racornie qui se détache; ils endurcissent la nouvelle peau de la même manière, et avec le temps la rendent insensible.

AUTRE. Approchez une bougie des lèvres et aspirez très-fortement; dès lors la flamme pénétrera dans la bouche sans vous brûler, car par l'aspiration vous l'empêchez de se fixer sur les lèvres.

COUPER LE VERRE. Prenez un verre à patte, uni et peu épais, et avec une petite mèche soufrée et allumée chauffez ce verre en dehors près de son bord, jusqu'à ce qu'il s'y fasse une petite fêlure; conduisez cette mèche le long de cette fêlure, en tournant autour du verre et en suivant une ligne inclinée, qui, après cinq ou six circonvolutions, aboutisse au pied du verre; et vous ferez de ce verre une espèce de ruban dont les circonvolutions se soutiendront, quoique séparées, lorsque vous tiendrez ce verre dans une situation renversée, et se rejoindront lorsque vous le remettrez dans sa situation naturelle.

CHANGER LA COULEUR D'UNE ROSE. Prenez une rose rouge ordinaire, et qui soit entièrement épanouie, allumez de la braise dans un réchaud, et jetez-y un peu de soufre commun réduit en poudre; faites-en recevoir la fumée et la vapeur à cette rose, et elle deviendra blanche; si on la met ensuite dans l'eau, peu d'heures après elle reprendra sa couleur naturelle.

FAIRE RENAÎTRE UNE FLEUR. Clouez sur une table des petites pointes d'acier aimanté de manière à en former une fleur, par exemple un œillet. Brûlez ensuite un véritable œillet, et mêlez ses cendres à une certaine quantité de limaille de fer; jetez le tout sur une feuille de papier blanc, et posez cette feuille sur les petites pointes enfoncées dans la table, l'œillet se dessinera aussitôt sur le papier et semblera renaître de ses cendres, pourvu que la préparation des clous d'acier soit inconnue des spectateurs.

CIRE D'ESPAGNE AIMANTÉE. Pour donner à un bâton de cire d'Espagne ou à un tube de verre la propriété de l'aimant, il suffit de les frotter assez longtemps avec de la laine : ils attireront alors des corps légers à une assez grande distance.

FAIRE TOMBER LA FOUDRE. Construisez un cerf-volant en taffetas qui soit traversé dans toute sa longueur par un triangle de fer, lequel doit communiquer à la ficelle qui sert à lancer le cerf-volant. Cette ficelle doit être en chanvre, mais garnie dans toute sa longueur d'un fil de laiton, pour favoriser le courant électrique. L'extrémité de cette ficelle se termine par un cordon de soie de quelques pieds. Lorsque le temps est orageux, on lance le cerf-volant et, lorsqu'il s'approche des nuages, on ne tarde pas à voir des étincelles se dégager du fil de laiton.

Cette expérience est très-dangereuse; si le fluide électrique est abondant, expérimentateur peut être tué.

FLAMMES A LA SURFACE D'UN FLACON. Après avoir mis dans un flacon rempli d'eau aux deux tiers, quelques morceaux de phospore, il faut faire bouillir l'eau en tenant le flacon sur la flamme d'une bougie ou d'une lampe; la partie vide du flacon se remplit d'abord de vapeurs blanches et épaisses; puis, l'ébullition continuant, les vapeurs disparaissent, et il se manifeste à la surface de l'eau une flamme bleuâtre qui s'agite tant que l'eau bout; si l'on retire la bougie, la flamme se projette alors vers le bas, et l'on ne voit plus à la surface que des nuages lumineux. Le même phénomène se produira si l'on chauffe de nouveau le flacon, et cela dure jusqu'à ce que l'eau du flacon soit entièement tarie.

Des globles enflammés. Après avoir rempli d'eau à moitié un verre à boire, si l'on jette dans cette eau un morceau de phosphure de chaux, après quelques iustants, il s'élève à la surface de l'eau de petits globes qui font explosion en donnant une flamme brillante; et chaque explosion est suivie d'une fumée blanche et épaisse qui s'élève lentement.

Des jets de feu sous l'eau. Que l'on mette, dans un verre d'une assez grande dimensiou, huit gros d'acide nitreux; que l'on verse ensuite, mais avec précaution, daus ce verre, et de manière à ce qu'elle coule le long des parois, trois gros d'eau, puis, que l'on jette dans le tout un morceau de phosphore gros comme un pois, et quinze grains de chlorate de potasse, il en résultera instantanément une vive inflammation sous l'eau, et l'on verra des rayons de flammes s'élancer à la surface.

Diminuer les liquides. Après avoir introduit de l'eau jusqu'au tiers de la bouteille on y verse avec précaution une égale quantité d'alcool; la bouteille est alors pleine aux deux tiers; que l'on bouche ensuite cette bouteille, et qu'on l'agite avec force, le verre devient chaud, et en quelques secondes la bouteille ne se trouve plus qu'à moitié pleine.

Bouteilles d'eau et de vin. Qu'on emplisse deux bouteilles de verre blanc, d'une égale grandeur, l'une d'eau, l'autre de vin, ayant soin de les choisir de telle sorte que le goulot de la bouteille d'eau soit assez petit pour entrer dans le goulot de la bouteille de vin ; que l'on renverse alors la bouteille d'eau et que l'on introduise le plus promptement possible son goulot dans celui de la bouteille de vin; l'eau étant plus pesante, descend en même temps que le vin monte, et au bout de quelques instants le changement est entièrement opéré. On obtient le même résultat en enfonçant le goulot d'une bouteille remplie d'eau dans le trou de bonde d'un tonneau rempli de vin, et le vin qui vient alors remplacer l'eau de la bouteille est bien certainement le plus pur du tonneau.

CHANDELLE DE GLACE. Après avoir enduit une chandelle d'un mélange de soufre et de charbon en poudre, plongez-la dans l'eau en ayant soin de garantir la mèche de cette immersion, et exposez-la ensuite à une forte gelée; répétez cela ensuite jusqu'à ce que la chandelle se soit couverte d'une forte couche de glace; si vous l'allumez ensuite elle brûlera parfaitement

FAIRE VOLTIGER UNE FIGURE. On adopte à un cône creux fait avec du laiton, une petite figure très-légère; cette figure placée au sommet d'un jet d'eau, voltigera longtemps sans perdre l'équilibre.

MAIN DANS L'EAU. Il suffit pour cela de jeter sur la surface de l'eau de la poudre de lycopode; cette substance s'attache à la peau, et la préserve du contact de l'eau.

Fusil chargé d'eau. Après avoir solidement bouché la lumière d'un canon de fusil, mettez trois ou quatre pouces d'eau dans ce canon, et enfoncez par dessus une balle de liége d'un calibre tel qu'elle ne puisse entrer qu'avec peine ; posez ensuite l'extrémité du canon où se trouve l'eau sur la lumière d'une lampe ou des charbons ardents, la balle sera chassée avec d'autant plus de violence qu'elle aura opposé plus de résistance. On pourrait ainsi construire des fusils à vapeur qui seraient d'une très-grande portée.

Excellent bouillon. Si l'on met dans un vase de fonte à moitié plein d'eau, de la viande et les autres ingrédients nécessaires, et qu'après avoir adapté à ce vase un couvercle de même métal maintenu par des vis, on l'expose au feu, la vapeur n'ayant point d'issue acquerra bientôt un si haut degré de chaleur qu'elle pourra non seulement cuire la viande, mais même dissoudre les os et fondre l'étain, et il ne faudra réellement pas plus de cinq minutes pour obtenir d'excellent bouillon.

Toutefois, cette expérience ne doit se faire qu'avec les plus grandes précautions, car elle n'est pas sans dangers; la vapeur peut faire éclater le vase, quelque fort qu'il soit; il fait alors l'effet d'une bombe qui tue et renverse autour d'elle : la force d'expansion de la vapeur est bien supérieure à celle de la poudre.

Flacon lumineux. Emplissez un petit flacon avec de l'eau dans laquelle vous aurez fait bouillir et dissoudre quelques grains de phosphore, et bouchez ce flacon bien exactement. Ce flacon donnera assez de lumière, dans l'obscurité, pour qu'il soit possible de lire en le posant sur les marges du livre; si le temps est sec, et que l'on agite le flacon, il en jaillira des éclairs.

Eau enflammée. Mettez une livre d'acide sulfurique dans cinq livres d'eau; jetez dans ce mélange quelques onces de limailles de zinc, et peu d'instants après quelques morceaux de phosphore de la grosseur d'une noix; vous verrez bientôt la surface de l'eau se couvrir de flammes, et tout le liquide sera traversé par des jets de feu qui s'échapperont bruyamment.

Autre. Après avoir fait dissoudre du phosphore dans l'esprit de vin, trempez un morceau de sucre dans cette dissolution et jetez-le dans un verre d'eau; l'eau s'enflammera dans l'obscurité, et en soufflant sur cette eau on en projettera la lumière à une grande distance.

Eau de plusieurs couleurs. Que l'on mette dans une bouteille pleine d'eau une certaine quantité de poudre de bois d'Inde, et que l'on prépare quatre verres, l'un rincé avec de l'eau ordinaire, l'autre rincé avec du vinaigre, un troisième rincé avec une dissolution de potasse, le quatrième rincé comme le troisième, et dans le fond duquel on aura mis un peu d'alun.

Si l'on verse du contenu de cette bouteille dans le premier verre, la liqueur sera rouge comme du vin; dans le second elle sera jaune comme de la bierre ou de l'eau-de-vie, dans le troisième elle sera limpide et transparente comme de l'eau pure, et dans le quatrième elle sera d'un rouge foncé.

COLORER L'EAU. On obtient de l'eau d'un beau bleu en jetant dans l'eau une dissolution d'ammoniure de cuivre; de l'eau verte au moyen d'une dissolution de muriate de cuivre; de l'eau rouge au moyen d'une décoction de bois de Fernambouc à laquelle on ajoute de l'alun; de l'eau jaune avec une dissolution de potasse; de l'eau violette, au moyen d'un peu de teinture alcoolique d'oseille, et de l'eau noire en mélangeant l'eau d'une infusion de noix de galle et d'une dissolution de couperose verte.

BOMBES QUI ÉCLATENT. Ces bombes, qui se vendent ordinairement chez les quincailliers, sont des bombes de verre fort petites et pleines, qui se terminent par un petit tube fermé. Lorsqu'on expose ces bombes à la chandelle, l'eau qu'elles contiennent passe promptement à l'état de vapeur, et les bombes éteignent la chandelle en faisant explosion.

DÉTRUIRE LA COULEUR. Si l'on plonge un ruban rose dans un verre contenant neuf parties d'eau et une partie d'acide nitrique, sa couleur disparaît, et l'on dit communément que cette couleur est brûlée; mais si on lave ce ruban dans un autre verre d'eau contenant de la terre à foulon en dissolution sa couleur reparaîtra aussi vive qu'auparavant.

FAIRE BOUILLIR DE L'EAU. Que l'on agite fortement une bouteille dans laquelle on aura mis deux tiers d'acide sulfurique et un tiers d'eau, non-seulement liquide sera mis sur-le-champ en ébullition, mais il acquerra une chaleur bien supérieure à celle de l'eau bouillante.

Cette expérince doit encore être mise au nombre de celles que l'on ne peut faire sans danger, attendu qu'il suffit de la moindre inégalité dans le verre pour le faire éclater.

Métal dans l'eau bouillante. Que l'on fasse fondre ensemble quatre onces de bismuth, deux onces et demie de plomb et une once et demie d'étain, on obtiendra un métal d'une très belle apparence dont on pourra faire des cuillères et autres ustensiles dans de l'eau bouillante, et ils fondront aussitôt.

Eau qui brule. Après avoir mélangé à parties égales de saindoux, de l'huile de pétrole et de térébenthine, et de la chaux vive, et avoir battu le tout convenablement, on obtient, en distilant ce mélange, une eau que l'on

peut faire brûler sur la peau sans res-
sentir la moindre douleur.

PURIFIER L'EAU. Pour rendre potable
l'eau bourbeuse, il suffit de la faire passer au travers d'une double couche de
charbon en poudre.

L'eau des marais deviendra potable
en y jetant de la poudre de charbon
dans la proportion d'une livre de charbon sur seize livres d'eau, et en y ajoutant un peu de vinaigre ou quelques
gouttes d'acide sulfurique; il suffira
d'agiter le mélange et de laisser reposer
le tout jusqu'à ce que l'eau soit claire.

Les eaux de puits peuvent dissoudre
le savon lorsque l'on jette un gros de
potasse dans chaque seau d'eau, et
cette eau peut même être bue sans in-
convénient.

L'eau se conserve pendant plusieurs
mois dans des tonneaux bien rincés
avec de l'eau de chaux, ou carbonisés
par un feu assez vif allumé dans l'intérieur.

EXPÉRIENCES DIVERSES.

CHANGER LA COULEUR DES OISEAUX ET DE ANIMAUX. On change la couleur des plumes, en exposant le corps de l'oiseau à la vapeur qui s'exhale du mélange de deux onces de chaux vive et deux gros de sel ammoniac. On colore et on bigarre le poil des chiens et d'autres animaux avec des acides minéraux affaiblis.

Les Indiens de l'Amérique méridionale font naître aux jeunes perroquets des plumes d'une belle couleur rouge, en arrachant leurs premières plumes et en frottant la place avec le sang d'une espèce de grenouille appelée *grenouille à tapirer (Rana tinctoria)*.

VÉGÉTATION MERVEILLEUSE. Mettez une branche de romarin ou d'une autre plante très-ramifiée, sous un globe de verre posé sur une plaque de fer chauffée; répandez sur cette plaque du benjoin en poudre, il se sublimera et s'attachera en cristaux brillans aux feuilles et aux rameaux du romarin.

CHARBON ARDENT QUI NE BRULE PAS. Appliquez une étoffe sur la surface bien polie d'un morceau de métal, et mettez ensuite des charbons ardens sur cette étoffe; ils s'éteindront et elle ne brûlera pas. On fait la même expérience en entourant un œuf avec du fil, et mettant l'œuf dans le feu; le fil ne brûle pas.

FONDRE L'ETAIN DANS L'EAU. L'eau etant chauffée dans un vase exactement clos, sa température qui, lorsqu'on la fait bouillir en plein air, ne s'élève jamais au-dessus de quatre-vingts degrés du thermomètre de Réaumur, s'élève alors à une température dont on n'a pas déterminé la limite, et qui va bien au-delà de celle qui est nécessaire pour fondre le plomb.

Cette expérience ne se fait pas sans danger, le vase pouvant faire explosion et produire l'effet d'une bombe qui éclate

LES DOIGTS DANS DU PLOMB FONDU. Quand on fait fondre du plomb, on peut impunément tremper le doigt dans celui qui s'est liquéfié, tant qu'il reste dans le vasse un morceau de métal non fondu, parce que le calorique est rapidement soustrait par ce morceau encore solide.

ÉLASTICITÈ DU VERRE. Le verre n'est pas malléable, mais il est très élastique, et par conséquent très sonore : des lames minces de verre se courbent sans se brisser. Si l'on découpe un cylindre de verre en spirale, on pourra en tenir écartées les spires à plusieurs lignes ; si l'on fait faire une fiole à fond plat et très mince, en poussant brusquement de l'air dans son intérieur, on imprime au fond des ondulations très-bruyantes ; le même effet est souvent produit par l'air sur les carreaux mal assujéettis d'une croisée,

SINGULIERES ONDULATIONS. Mettez trois parties d'eau dans un verre, versez dessus une partie d'huile, et laissez le reste du verre vide, afin que les bords mettent le fluide à l'abri du vent; entourez-le circulairement d'une ficelle; attachez deux cordons de la même ficelle, l'un d'un côté, l'autre de l'autre, et suspendez le verre par ses deux anses; en lui donnant un mouvement de balancement, l'eau sera fortement agitée; mais l'huile restera sans mouvement.

CHANGER LA COULEUR D'UN FLACON. Prenez un flacon, mettez y de l'alcali volatil, dans lequel vous aurez fait dissoudre de la limaille de cuivre, cela vous produira une couleur bleue. Vous présenterez le flacon à quelqu'un à boucher en lui faisant quelques plaisanteries; et, au grand étonnement de la compagnie, on verra la couleur disparaître sitôt que le flacon sera bouché. Vous la ferez reparaître aisément en ôtant le bouchon, et qui ne paraîtra pas moins surprenant. On voit que c'est l'action de l'air qui fait tout le merveilleux de ce changement.

Couper le verre. Prenez un verre à patte, uni et peu épais, et avec une petite mèche soufrée et allumée, chauffez ce verre en dehors près un des bords jusqu'à ce qu'il s'y fasse une petite fêlure ; conduisez cette mèche le long de cette fêlure en tournant autour du verre et en suivant une ligne inclinée, qui, après cinq ou six circonvolutions, aboutisse au pied du verre, et vous ferez de ce verre une espèce de ruban dont les circonvolutions se soutiendront quoique séparées, lorsque vous soutiendrez ce verre dans une situation renversée, et se rejoindront lorsque vous le remettrez dans sa situation naturelle.

Enlever une bouteille avec une paille. Ployez l'extrémité d'une paille entière de froment ; introduisez la dans une bouteille ; cette paille en se déployant formera un angle ou un crochet, au moyen duquel vous souleverez facilement la bouteille vide, et même la bouteille remplie d'eau ou de

TABLEAU CHANGEANT. Prenez deux estampes de la grandeur d'un miroir ; collez-les dos à dos sur un même carton, et divisez-les en bandes parallèles et d'égale largeur ; ajoutez ces bandes, en les introduisant verticalement dans des fentes pratiquées au cadre de la glace, et en les espaçant de manière que l'œil, en regardant de côté, voie la base ou la ligne inférieure de ces bandes se confondre avec la ligne supérieure. Si l'on regarde dans ce miroir en face, on n'aperçoit qu'une figure, si l'on regarde de côté, à droite ou à gauche, on verra les deux sujets des estampes, dont le dessin paraîtra continu ou d'une seule pièce ; on peut remplacer la glace par une estampe ; ce tableau présente alors trois sujets différents.

LIVRE MAGIQUE. On colle sur les deux feuillets d'un livre des gravures enluminées, par compartiments, et d'un même côté, des hommes, des femmes, des singes, des oiseaux, des fleurs ; on coupe les marges de ce livre de diverses grandeurs ; en présentant ce livre aux spectateurs, et en feuilletant rapidement chacun des compartiments, chacun des dessins différents se présente à leurs regards, et l'on croit que le physicien en change les figures à son gré.

PORTRAITS MAGIQUES. Tracez sur plusieurs cartons l'ovale d'une figure à peu près moitié de sa dimension ; ajustez à ces ovales diverses coiffures d'hommes et de femmes : en faisant glisser ces cartons entre un miroir, à quelque distance que l'on se place, on verra toujours son visage remplir l'ovale, on pourra donc y adapter telle coiffure que l'on voudra, et les assortir d'une manière bizarre.

LE CORDON ET LE COUTEAU. Pour défaire un cordon enlacé autour du bâton d'une chaise et de la lame d'un couteau, en ôtant seulement le couteau.

Il faut enfoncer la pointe d'une lame de couteau dans le milieu du bâton d'une chaise, et mettre le cordon par derrière, en le croisant par devant sur la lame du couteau; on le croise ensuite sous cette lame pour le faire repasser derrière la chaise et le croiser ensuite de nouveau sur la lame pour le faire repasser sous le couteau et le croiser pareillement pour le prendre derrière le bâton, afin d'ôter le couteau, pour qu'il ne se trouve plus tenir ni au couteau, ni au bâton. La seule précaution qu'exige ce tour, c'est de toujours faire passer le premier bout du cordon que l'on croise sur le second à chaque fois qu'on le croise, sans jamais le changer de position.

PARCOURIR UN CHEMIN CIRCULAIRE. Attachez au même essieu deux roues de différents diamètres : car la plus grande devancera nécessairement la plus petite. On obtiendra le même effet, en fixant derrière un train supporté par deux roues égales, une roulette mobile sur son axe, et à laquelle on donnera une inclinaison à droite ou à gauche, suivant la direction que l'on veut faire prendre à la voiture : elle en devient le gouvernail.

ADHÉRER UN CORPS A UN AUTRE. Appliquez à la planche d'une cloison bien verticale et bien polie, une planchette également bien polie ; elle y adhère par simple contact, soutenue par l'air extérieur. Uue rondelle de carton ou de feutre moulée et appliquée à une pierre, la soulève, eût-elle le poids de plusieurs livres. On voit souvent les enfants s'amuser de cette petite expérience, qui se rattache néanmoins aux plus hautes conceptions de la physique.

MANIÈRE DE GRAVER SUR UNE CO-QUILLE D'ŒUF. Ecrivez ou dessinez sur l'œuf avec du suif liquide, ou mieux avec du vernis de graveur à l'eau forte : faites ensuite tremper cet œuf dans du fort vinaigre : cet acide attaquera la coquille, et laissera intactes et saillantes les parties couvertes du vernis.

On fait, par le même procédé, des gravures en relief sur le marbre et toutes les pierres calcaires carbonatées. En plongeant dans la teinture un œuf chargé de dessins au vernis, ces dessins restent blancs.

MANIÈRE DE FAIRE PASSER UN ŒUF DANS UNE BAGUE. Faites tremper un œuf dans le vinaigre, la coquille étant détruite par cet acide, l'œuf devient mou, flexible, et peut traverser une bague, et, après s'être allongé, reprendre sa première forme,

POUR PRODUIRE DE LA LUMIÈRE. L'on sait qu'en choquant deux morceaux de quartz l'un contre l'autre, on en dégage la lumière ; mais, ce qui est bien plus curieux, c'est que ce dégagement a lieu aussi dans l'eau, si on opère le choc sous ce liquide.

TUER LES POISSONS DANS L'EAU. Il est une vérité bien démontrée, c'est que lorsqu'un corps tombe obliquement sur la surface d'un liquide, il est rétracté par la résistance de ce liquide et s'écarte par conséquent de la perpendiculaire. D'après ce principe, lorsqu'on veut tuer un poisson ou tout autre animal dans l'eau, il faudra viser d'autant plus bas, qu'il sera à une plus grande profondeur, parce que l'angle de réfraction étant relatif à cette même profondeur, la déviation de la balle est aussi en raison directe.

LIQUEUR LUMINEUSE. Si, dans un flacon rempli d'huile de girofle, vous introduisez un morceau de phosphore, cette liqueur paraîtra lumineuse toutes les fois que vous déboucherez ce flacon dans l'obcurité.

On peut, avec un flacon ainsi préparé, faire des tours fort amusants; et il suffit d'écrire sur un papier noir diverses questions, et de découper les lettres soigneusement; en appliquant ensuite ce papier sur le flacon, il n'y a que les vides produits par la découpure qui paraissent. On peut placer de cette même manière les réponses sur le derrière du flacon, en le cachant adroitement. Il est aisé de voir qu'on peut aussi faire paraître des arbres et divers lutres objets lumineux.

VERRE LUMINEUX. Frottez avec force une baguette de verre contre du drap et du papier gris, et vous apercevrez dans l'obscurité une faible lumière. Si vous approchez votre main de cette baguette, vous en dégagerez des étincelles électriques.

LANTERNE DANS L'EAU. Cette lanterne doit être faite en cuir, et être munie de deux tuyaux, l'un à la partie upérieure pour servir de cheminée, et 'autre à l'inférieure pour fournir l'air qui doit alimenter la combustion.

On fait diverses ouvertures dans le cuir pour y placer des verres, afin de répandre la lumière de tous côtés. Si on veut que cette lanterne serve à éclairer à la surface de l'eau, on la fixe sur une plaque de liége

LAMPE DE POCHE. Attachez un vase contenant l'huile et la mèche, à un cercle de fer ou de cuivre, au moyen de deux petits pivots, diamétralement opposés, de telle façon que, par sa pesanteur, ce vase puisse rester en équilibre autour de ces deux pivots, et tourner librement au dedans de ce cercle, en conservant constamment une situation horizontale à peu près par le même mécanisme des boussoles. Ce premier cercle est muni de deux autres pivots diamétralement opposés et éloignés les uns des autres de 90 degrés qui entrent dans un autre cercle métallique qui a deux autres petits pivots insérés dans un autre corps concave, qui entoure toute la lampe, laquelle au moyen de ces deux cercles, tourne librement au dedans autour de six pivots qui lui donnent, quand on la tourne, six positions différentes.

Lorsque cette lampe est au millieu, elle est à son centre de gravité, ou, pour mieux dire, le centre de gravité se trouve toujours dans sa ligne de direction, ce qui fait que, de quelque manière qu'on la tourne, elle est toujours dans une position horizontale qui ne permet pas à l'huile de se répandre.

Changer les couleurs. Cette expérience est fort simple: aspirez fortement, retenez votre haleine pendant quelques instants, et expirez ensuite l'air de vos poumons dans le vase; cet air, se trouvant dépouillé d'oxigène, rendra d'abord la teinture bleue, et au bout de quelques instans, elle deviendra rouge.

Eclater une vessie mouillée. On fait avec la machine pneumatique un grand nombre d'expériences amusantes. Que l'on place sur le plateau de cette machine un cylindre de verre dont l'orifice supérieur sera couvert d'une vessie mouillée; en faisant le.

vide, la vessie éclatera avec bruit, par la raison qu'elle ne pourra pas supporter le poids énorme d'air qui viendra la presser.

PLUIE D'ARGENT. Si , au lieu d'une vessie, vous couvrez l'orifice supérieur du même cylindre avec un gobelet de buis rempli de mercure, en faisant le vide, vous verrez le mercure passer à travers les pores du bois, et tomber en pluie d'argent.

VIOLON MYSTÉRIEUX. Mettez deux violons bien d'accord et à l'unisson, attachez-en un à une cloison, et tirez des sons de l'autre sans poser les doigts sur les cordes; les cordes du violon que vous aurez suspendu vibreront et rendront les mêmes sons que celles sur lesquelles vous promènerez l'archet.

CLOCHE SANS SON. Le son ne pouvant se propager sans le secours de l'air, placez une petite cloche sous le récipient d'une machine pneumatique, faites-le vide et frappez sur la cloche, elle ne donnera aucun son.

Cannes a vent. Les cannes à vent sont des espèces de bâtons percés dans toute leur longueur d'un trou de trois à quatre lignes de diamètre; on insère d'un côté de petites flèches de deux pouces de longueur, garnies d'un petit morceau de peau de même diamètre que ce trou ; et, en soufflant tout à coup et assez fortement dans cette canne, elles peuvent être lancées jusqu'à cinquante pas; on jette aussi fort loin, avec cet instrument, des bois secs ou de petites boules de terre glaise, avec lesquelles on peut même tuer des oiseaux.

Fusil a vent. Si dans un espace contenant un litre d'air on en fait entrer, au moyen d'une pompe, vingt litres, par exemple, il est évident que le fluide (l'air) sera vingt fois plus resserré qu'il ne l'était auparavant; il cherchera donc à s'échapper, et fera ressort : voilà la théorie des fusils à vent.

On bourre l'air au moyen d'une pompe dans la crosse de cette arme; on met le projectile (la balle, etc.) dans le canon ; une soupape, qu'une détente fait ouvrir, livre passage à l'air, et la balle est chassée avec une force suffisante pour tuer un animal à une distance considérable.

Un fusil à vent tire de vingt à trente coups, qui vont en diminuant de force depuis le premier jusqu'au dernier.

IMITER LE TONNERRE. Ayez un fort châssis de bois d'environ deux pieds et demi de large, au bord duquel vous attacherez et collerez solidement une peau de parchemin bien tendue, assez épaisse et de même grandeur que ce châssis, mouillez-le avant de l'appliquer afin que sa tension en soit plus forte.

Lorsqu'ayant suspendu ce châssis, vous l'agiterez ou frapperez dessus plus

ou moins fort avec le poing, l'ébranle-
meut qu'il causera dans l'air environ-
nant sera exactement semblable au
bruit du tonnerre qui gronde.

Nota. Pour imiter dans les spectacles
l'éclat du tonnerre lorsqu'il tombe, on
suspend entre deux cordes élevées verticalement, une certaine quantité de
douves de tonneaux éloignées les unes
des autres d'un demi-pied, et enfilées
de même que des lattes qui servent à
former les jalousies qu'on met aux fe-
nêtres des appartements, et on les laisse
tout à coup tomber les unes sur les autres en lâchant subitement les deux
cordons qui les retiennent suspendues,
et qui doivent servir à les relever pour
reproduire cet effet.

LA PLUIE ET LA GRÊLE. Découpez sur
du fort carton une vingtaine de cercles
de quatre à cinq pouces de diamètre,
et coupez-les tous depuis leur circon-
férence jusqu'à leur centre; percez-les
d'un trou d'un pouce de diamètre, et

joignez-les ensemble, en appliquant et collant le côté coupé du cercle au côté opposé et ainsi de suite, jusqu'à ce que tous les cercles ne forment qu'une seule pièce, qui, étant allongée, prendra la figure d'une vis : étant bien secs, faites entrer par tous leurs trous une tringle de bois arrondie qui les enfile tous, et disposez-les de manière qu'ils se trouvent distants les uns des autres de trois à quatre pouces; assujétissez-les sur cette tringle avec de la colle forte, et couvrez-les ensuite sur leur longueur et par une de leurs extrémités avec un triple papier bien collé et humecté, afin qu'il se tende fermement sur ces cercles. L'ayant laissé bien sécher, introduisez-y par l'autre extrémité environ une livre de petit plomb, c'est-à-dire plus ou moins, suivant la grandeur de cette pièce, et fermez ensuite d'un triple papier cette même extrémité.

Lorsque le plomb se trouvera placé à une des extrémités de ce tuyau, et qu'il sera dans une position horizontale, si on l'élève doucement et insensiblement du côté où se trouve le plomb, il coulera peu à peu jusqu'à l'autre extrémité, et le bruit qu'il produira sera semblable à celui de la pluie ; en l'élevant brusquement, il imitera le bruit de la grêle.

BOUTEILLE COULANT PAR LE FOND. Il faut avoir une bouteille de fer-blanc ou de tout autre matière, de deux ou trois pouces de diamètre, dont le goulot ait seulement trois lignes d'ouverture ; on perce le fond de ce vase d'une grande quantité de petits trous, de la grosseur à y passer une aiguille à coudre ; on plonge ce vaisseau dans l'eau, le goulot ouvert ; lorsqu'il en est rempli, on bouche le goulot et on retire le vase, l'eau n'en peut plus sortir ; on donne cette bouteille à quelqu'un que l'on veut attaquer ; s'il la débouche sur ses genoux, l'eau s'échappant par les petits trous, le mouille sans qu'il s'en aperçoive d'abord. Si les ouvertures faites au fond excédaient deux lignes de diamètre, ou qu'elles fussent en trop grande quantité, l'eau s'échapperait quoique ce vase fût bouché l'air; qui presse de tous côtés la bouteille trouvant alors moyen d'y pénétrer.

Vin de champagne. Remplissez d'eau de rivière, jusqu'aux trois quarts et demi une bouteille ordinaire que vous boucherez avec un bouchon troué dans sa longueur, armé dans sa partie inférieure d'une petite soupape. Tâchez, à l'aide d'un bon soufflet, d'y introduire une certaine quantité d'air, que la soupape laissera entrer sans lui permettre de sortir, et couvrez le bouchon avec un morceau de cuir ou de parchemin que vous attacherez au col de la bouteille avec de bon fil ou de la ficelle. Quand vous serez avec un gourmet que vous voudrez attraper, mettez cette bouteille sur la table, avec cette étiquette: Vin de Champagne. Priez le gourmet de la déboucher, après lui avoir fait rincer un verre, il n'aura pas plutôt détaché le cuir ou le parchemin, que le bouchon, repoussé par l'air comprimé, sautera au plancher avec explosion, et votre homme, concluant de là que le vin est bon, se trouvera bientôt confus de de voir que vous ne lui avez servi autre chose que de l'eau.

Boite magique. Construction d'une boîte où l'on voit des objets tout différents de ceux qu'on aurait vus par une autre ouverture, quoique les uns et les autres paraissent occuper toute la boîte.

Il faut faire faire une boîte carrée, car c'est celle qui, à cause des angles droits, est la plus propre à ce jeu d'optique; vous la diviserez en quatre par quatre cloisons perpendiculaires au fond, qui se croiseront au centre, et contre lesquelles vous appliquerez des miroirs plans; vous percerez ensuite chaque face de la boîte d'un trou propre à regarder dedans, et qui soit tellement ménagé, que l'on ne puisse voir que les miroirs appliqués contre les cloisons, et non la base. Dans chaque petit triangle rectangle enfin, qui est formé par deux cloisons, vous disposerez un objet, qui, se répétant dans les glaces latérales, puisse former un dessin régulier, comme un dessin de parterre, un plan de fortification, une place de ville, un pavé de compartiments. Pour éclairer l'intérieur, vous ne couvrirez la boîte que d'un parchemin transparent.

Il est évident que si l'on place l'œil a chacune des petites ouvertures pratiquées aux côtés de cette boîte, on apercevra autant d'objets différents qui paraîtront néanmoins remplir toute la boîte. L'un sera un parterre très-régulier, l'autre un plan de fortification, le troisième un pavé de compartiments, le quatrième une place décorée.

Si plusieurs personnes ont regardé à la fois par ces différentes ouvertures et qu'elles se questionnent ensuite sur ce qu'elles ont vu, il en pourra résulter entre elles une contestation assez plaisante pour celui qui sera au fait du tour, l'une assurant qu'elle a vu un objet, l'autre un autre, et chacune étant persuadée qu'elle a raison.

Pour rendre plus transparent le parchemin dont on se sert dans les machines optiques, telles que celle ci-dessus démontrée, il faut le laver plusieurs fois dans uue lessive claire qu'on changera à chaque fois, et à la dernière, dans de l'eau de fontaine : on le mettra ensuite sécher à l'air, en le tenant bien étendu.

LUNETTE SURPRENANTE. Vous ferez faire un tuyau long et carré à chaque extrémité duquel on placera intérieurement et en opposition, un miroir incliné de 45 degrés; au-dessus de ces miroirs on ajustera deux portions de tuyau, de forme cubique, mais de la dimension du tuyau ci-dessus; chaque portion renfermera un miroir pareillement incliné de 45 degrés, de manière que chacun d'eux corresponde et se réfléchisse dans le miroir du long tuyau, qui sera au-dessous : à l'une des portions du tuyau, faisant coude avec le tuyau long, on pratiquera vis-à-vis du miroir une ouverture circulaire à laquelle on adaptera un verre objectif. On fera une pareille ouverture à l'autre tuyau cubique, où l'on disposera vis-à-vis du miroir un autre bout de lunette portant l'oculaire concave. On fera aussi derrière les miroirs de ces tuyaux cubiques une ouverture circulaire, à laquelle on fixera un autre bout de lunette avec un verre quelconque. Ces quatre tuyaux ne doivent pas entrer au dedans du tuyau coudé, afin de ne pas gêner l'effet des miroirs. L'effet de cette lunette fera mieux entendre encore sa construction. Les rayons de lumière émanés de l'objet qui fait face à l'objectif, vont se peindre dans le miroir vis-à-vis duquel il est placé, se réfléchissant de là dans le miroir qui est au-dessus; celui-ci renvoie l'image à un troisième miroir placé au fond du tuyau long ; de ce miroir elle remonte au quatrième miroir placé en face de l'oculaire, et se peint à l'œil de celui qui regarde dans cette lunette incompréhensible. En un mot, ce n'est autre chose qu'une lunette dont l'objectif est complétement isolé de l'oculaire, et qui fait son effet par le moyen de quatre miroirs de réflexion ; en sorte que, si entre les deux tuyaux cubiques on interposait un corps opaque, l'objet n'en serait pas moins visible ; aussi les deux autres bouts de lunette ne sont que des tuyaux postiches, servant seulement à déguiser davantage l'illusion, attendu qu'étant mobiles, ils puissent se rapprocher l'un de l'autre ; lorsqu'ils sont rapprochés, on croit regarder dans une longue lunette ; l'on ne se doute pas de la communication des miroirs de réflexion ; la forme coudée ne paraît être faite dans cette forme que pour soutenir les deux parties de la lunette que l'on sépare à volonté. Il faudra poser cette lunette sur un pied, de manière qu'étant mobile elle puisse s'élever, s'abaisser et se diriger de tout sens. Pour régler les foyers de l'oculaire et de l'objectif, eu égard à la longueur de la lunette, il faut la supposer égale au rayon qui, entrant par l'objectif va se rendre par diverses réflexions à l'oculaire.

L'AIR D'UNE BOUTEILLE DANS UNE AUTRE. Emplissez une bouteille d'eau dans une terrine ou tout autre vase ; élevez-la verticalement. Mettez-y un entonnoir et soutenez-le avec la main gauche ainsi que la bouteille. Cette opération étant faite, prenez une bouteille vide dans la main droite, ayant soin de tourner l'orifice par en bas, et introduisez-la ainsi verticalement dans l'eau jusqu'à ce que l'extrémité du goulot soit au-dessous de l'entonnoir. Inclinez ensuite la bouteille peu-à-peu, l'eau entrera doucement dedans, et l'air en s'échappant passera dans l'entonnoir et de là dans la bouteille.

ce qui fera tomber l'eau de celle-ci.

(*Explication*). En penchant la bouteille vide, l'eau par son poids se précipite dedans : l'air qui est plus léger, prend la place de l'eau et déplace successivement toutes les couches du liquide jusqu'à ce qu'il soit parvenu à sa surface.

C'est par ce moyen ingénieux, dû à Priestley, qu'on obtient les gaz en chimie. Au lieu d'une bouteille, on se sert d'une cloche de verre. C'est un tube court, très épais et fermé par une de ses extrémités.

TUBE DE VERRE. Si le tube que l'on veut courber à un diamètre qui n'excède pas six millimètres, il faut se servir de la lampe à esprit de vin ; si le tube est plus gros, on le courbera par des moyens dont nous parlerons plus tard. Je suppose que l'on ait un tube tel que ceux dont nous avons parlé en premier lieu, et qui ont un diamètre suffisant pour faire presque toutes les expériences que l'on peut faire avec des tubes plus gros.

Il faut écarter la mèche de la lampe de manière à ce qu'elle soit un peu plus longue que large. On présentera la partie du tube qui doit être courbée, dans le milieu de la flamme brillante, qui est intermédiaire entre l'extrémité supérieure de l'espace obscur et la partie supérieure de la flamme, en E, il faudra rouler le tube entre les doigts afin qu'il se chauffe uniformément. Lorsqu'on sentira le verre fléchir sous les doigts on le courbera, par exemple, à angle droit ; il n'est pas nécessaire de le sortir de la flamme pour le courber; mais il faudra avec soin de le tourner constamment de manière que les deux parties soient tournées tantôt en haut, tantôt en bas.

Lorsque les tubes ne sont pas plus gros que ceux dont nous venons de parler, on peut les plonger brusquement dans la flamme et les retirer de même sans qu'ils se cassent, pourvu, toute.

fois, qu'on les présente à un pouce et demi, ou au moins à un pouce de dis-ance de l'extrémité. S'il arrivait que les verres cassassent par cette opération, il faudrait commencer par les mettre au-dessus de la flamme dans le courant d'air chaud, en les roulant dans les doigts et en les chauffant dans l'espace d'un pouce, ou un pouce et demi, par un mouvement de va-et-vient; on les introduirait peu à peu dans la flamme d'où on les retirerait en observant les mêmes précautions.

ORACLE MAGIQUE. On écrit sur plusieurs feuilles de papier, des questions avec de l'encre ordinaire ; et au-dessous, on écrit les réponses avec la dernière encre sympathique. On doit avoir plusieurs feuilles portant la même question et les réponses différentes, afin que l'artifice soit moins aisé à soupçonner.

Ayez ensuite une boîte, que vous appellerez *l'antre de la Sybille*, ou autrement, et qui, dans son couvercle, contiendra une plaque de fer très-chaude, en sorte que son intérieur puisse être échauffé jusqu'à un certain degré.

Après avoir fait choisir des questions, vous prendrez les feuilles choisies, et vous direz que vous allez les envoyer à la Sybille ou à l'Oracle pour en avoir la réponse, et vous les placerez dans la boîte échauffée; enfin, après quelques minutes, vous les retirerez, et vous montrerez les réponses écrites. Il faut bien vite remettre à part ces feuilles, car, si elles restaient entre les mains des témoins du tour, ils s'apercevaient que les réponses s'effacent peu à peu, à mesure que le papier se refroidit.

Encre d'or. Une solution saturée de nitro-muriate d'or, étendue de deux ou trois fois son volume d'eau, donne une écriture qui cesse d'être visible en séchant. Lorsqu'on veut la rendre visible, il suffit de l'exposer pendant environ trois heures au soleil. On tire parti des encres sympathiques pour s'amuser en société.

Pour rendre les encres indestructibles, le plus sûr moyen et le plus simple est d'y faire dissoudre un peu d'encre de Chine.

Lettre magique. Les récréations qui se font avec l'encre sympathique se varient d'une infinité de manières. En voici une assez plaisante : on écrit avec de l'encre ordinaire sur de petites feuilles de papier différentes questions, telles qu'on juge à propos, auxquelles on puisse répondre d'un seul mot ; cette réponse s'écrit avec une forte dissolution de vitriol dans l'eau commune, ou avec du jus de citron ou celui d'oignon. On présente ces différentes questions à une personne, pour en choisir une à son gré ; on plie ce papier en forme de lettre, en sorte que la réponse se trouve directement sous l'endroit du cachet. La cire, qui est chaude, anime l'écriture; et, lorsqu'on décachète la lettre, on trouve la réponse écrite.

ÉCRIRE SUR LE VERRE. Formez un crayon avec de la craie d'Espagne ou du vitriol de Chypre ; servez-vous en pour écrire sur une glace ou un morceau de verre ; lorsque vous voudrez la faire paraître, il suffira de haleter dessus cette glace : cette écriture paraît et disparaît à plusieurs reprises. On peut en faire usage pour différentes récréations.

CARACTÈRES DANS L'EAU. Faire bouillir pendant deux heures, dans une pinte de vinaigre, deux onces de litharge reduite en poudre, et l'ayant laissée reposer, versez-la par inclinaison et passez-la dans un linge. Conservez cette liqueur dans une bouteille bien bouchée, et servez-vous en pour écrire ou tracer ce que vous voudrez; les catères étant secs, ne paraîtront en aucune façon. Lorsque vous voudrez les rendre visibles, trempez ce papier dans du jus de citron ou du verjus, et ils paraîtront d'un blanc de lait qui effacera celui du papier dont vous vous serez servi, ils subsisteront même encore lorsque le papier sera séché, la litharge qui a été dissoute étant une chaux de plomb qui se précipite sur le papier au moyen de l'acide dans lequel on le trempe.

Les caractères formés avec la liqueur saturée de bleu de Prusse, paraissent d'un très beau bleu si on les imbibe avec la dissolution d'acide de vitriol vert, et réciproquement ceux écrits avec cette dernière dissolution paraîtront de même, si on les trempe dans la liqueur saturée ci-dessus.

CARACTÈRES EXPOSÉS AU FEU. Prneze du jus de citron et servez-vous en pour tracer, avec une plume neuve, quelques caractères sur du papier. L'ayant laissé sécher, si vous les exposez un peu au feu, ils paraîtront aussitôt d'une couleur brune, attendu que cet acide, concentré par la chaleur, brûlera un peu le papier aux endroits où la plume aura passé. Ce même effet aura lieu en employant différents acides ou les sucs de divers fruits. Le jus de cerise donnera une couleur verdâtre, celui d'oignon une couleur noirâtre; l'acide vitriolique affaibli dans une assez grande quantité d'eau, une couleur rouge; le vinaigre, une couleur rouge pâle, etc. Le degré de chaleur pour faire paraître les caractères écrits avec ces différents acides n'est pas le même; le jus de citron est celui qu'il faut le moins chauffer.

Réponse magique. Prenez plusieurs petits carrés de papier, en tête desquels vous écrirez (avec de l'encre ordinaire) diverses questions, et servez-vous de l'encre sympathique d'or pour écrire au-dessous d'elles leurs réponses.

Conservez tous ces petits papiers en les tenant bien renfermés dans un livre ou dans un portefeuille jusqu'à ce que vous vouliez vous en servir; présentez-les alors à une personne, et dites-lui d'y choisir celui qu'elle voudra; et lui ayant fait remarquer qu'il n'y a rien autre chose écrit sur ce papier, dites-lui de le mettre dans sa poche, de l'emporter chez elle, et de le mettre sur sa cheminée ou dans tout autre endroit où il ne soit pas enfermé, afin que pendant la nuit vous trouviez le moyen de transcrire une réponse au bas de cette question, qui se trouvera effectivement visible, dès le lendemain, si le papier a été mis dans un endroit sec.

CARACTÈRES SINGULIERS. On peut tracer sur le papier des caractères invisibles, avec tous les sucs glutineux, et non colorés des fruits et des plantes, ou bien avec la bierre, l'urine, le lait des animaux, et toutes les différentes liqueurs grasses et visqueuses; lorsque cette écriture est sèche, on répand dessus quelque poussière colorée très fine, on secoue ensuite le papier, et les caractères écrits restent colorés, parce qu'ils sont formés d'une espèce de glu qui retient cette poudre subtile.

CARACTÈRES INVISIBLES. Ayez de la graisse de porc qu'on nomme ordinairement saindoux, et l'ayant bien exactement mêlée avec un peu de térébenthine de Venise, prenez-en une petite partie, et étendez-la très également et bien légèrement sur du papier fort mince; servez-vous à cet effet d'une petite éponge très-fine.

Lorsque vous voudrez faire usage de cette préparation pour écrire secrètement une lettre à un ami, posez ce papier ainsi préparé sur celui que vous devez envoyer; et tracez ce que vous voulez écrire sur ce premier papier, en vous servant d'un stylet un peu émoussé; de cette manière, il s'atchera une matière grasse au deuxième papier vers tous les endroits où ce stylet aura passé, et celui qui recevra votre lettre pourra la lire en y semant quelque poussière de couleur, ou du charbon tamisé très-fin.

POUR TRACER DES DESSINS. Mêlez exactement dans la composition ci-dessus, un peu de noir de fumée bien fin, et servez-vous-en pour en enduire fort légèrement un papier très mince ; essuyez-le bien également jusqu'à ce qu'en le posant sur le papier blanc, et appuyant la main dessus ce premier, il ne puisse tacher l'autre en aucune façon.

Lorsque vous aurez attaché sur ce papier le dessin dont vous voulez former le trait, et posé le tout sur un papier blanc, vous pourrez, en suivant correctement avec le stylet tous les traits de ce dessin, les transporter sur ce dernier papier. Il en sera de même si, au lieu de papier, vous employez de la toile un peu fine, ou du taffetas ; de cette manière, il sera facile , sans savoir dessiner, de peindre des fleurs sur des étoffes; il suffira, après qu'elles seront tracées , de les enluminer et nuancer dans les couleurs les plus convenables en employant des couleurs liquides fort légères, afin qu'elles ne soient pas sujettes à s'écailler, et même à s'éteindre, si les étoffes venaient à être un peu mouillées.

TABLEAU MAGIQUE. Ayez une estampe representant l'hiver, qui soit très peu chargée de gravure ; peignez et ajoutez-y (avec l'encre sympathique verte et aux endroits convenables) des feuilles, en observant de vous servir d'une encre plus faible pour feuiller les arbres qui sont dans les lointains ; employez les autres encres à peindre les autres objets auxquels leurs couleurs peuvent avoir quelque rapport; cette opération étant faite, laissez sécher le tout, et mettez votre estampe sous un cadre garni d'un

~erre : couvrez-la par derrière d'un papier qui soit seulement collé sur cette bordure.

Lorsqu'on présentera ce tableau à un feu modéré, ou qu'on l'exposera pendant quelque temps à l'ardeur du soleil, tous les objets colorés qui étaient restés invisibles paraîtront, les arbres se garniront de feuilles, et ce tableau qui représentait l'hiver, offrira tout-à-coup l'image du printemps; aussitôt qu'il sera refroidi, il reprendra son premier état; ce qui procurera la satisfaction de répéter cet amusement autant de fois qu'on le jugera à propos.

Faire disparaître l'écriture. On prétend qu'il faut prendre deux dragmes de chair de lièvre brûlée et pulvérisée, avec quatre dragmes de chaux vive aussi pulvérisée, mêler le tout ensemble, le mettre sur le papier ou parchemin, et l'y laisser pendant un jour et une nuit; toutes les lettres se trouveront effacées. Il y a lieu de croire

que la chaux vive toute seule, ou peut-
être mêlée avec une cendre animale
quelconque ou des os calcinés réduits
en poudre, produirait le même effet.
On sait aussi que les acides légèrement
affaiblis, dissolvant les particules métalliques du fer qui donne la couleur
noire à l'encre, ont la propriété de faire
disparaître l'écriture. Il faut prendre,
dit Kunkel, une demi once d'ambre
jaune ou gris, le broyer dans une once
d'huile de vitriol ou d'eau forte; passer ensuite avec un pinceau de ce mélange sur chaque lettre qui sera aussitôt emportée : mais il faut ensuite y
mettre un peu d'eau, sans quoi le papier deviendrait jaune.

Bouquet magique. Les effets les plus
extraordinaires ne paraissent plus que
des jeux d'enfans, lorsqu'on en connaît
la cause. Tous ceux qui ont quelques
notions de la physique et de la chimie savent qu'une liqueur très claire
est susceptible de se colorer par l'ac-

tion d'une autre liqueur aussi limpide.

On fera faire par des ouvriers, en fleurs artificielles, une certaine quantité de feuilles faites avec du parchemin blanc et de petites fleurettes de toile ou coton blanc, telles que des roses, des jonquilles, des œillets et autres qu'on jugera à propos. Lorsqu'on aura ces différentes fleurs et feuilles, on trempera les roses dans l'encre sympathique rose; les jonquilles dans l'encre sympathique jaune; les œillets dans celle qui est violette, et les feuilles dans l'encre sympathique verte. On laisse sécher le tout; et on les assemble ensuite, pour en former plusieurs petits bouquets, lesquels paraîtront tout blancs, et seront en état de servir, soit le même jour, soit plusieurs jours après avoir été ainsi préparés. Si l'on trempe un de ces bouquets dans un vase rempli d'eau faite avec le jus de violettes ou de pensées, toutes ces fleurs différentes, et les feuilles de ces bouquets se coloreront aussitôt eu égard aux dif-

férentes espèces de liqueurs sympathiques dans lesquelles elles auront été
trempées. On prendra donc un de ces
bouquets, et, après avoir fait remarquer que toutes les fleurs dont il est
composé sont parfaitement blanches,
on le trempera dans le vase qui contient la liqueur vivifiante ; et on le re-
tirera aussitôt en faisant observer que
chacune des différentes fleurs, ainsi que
les feuilles, ont pris à l'instant la nuan-
ce des couleurs qui leur sont analo-
gues.

Séparer une pièce de monnaie. Posez
sur trois clous d'épingle que vous aurez
enfoncés dans un morceau de bois, une
petite pièce de monnaie de cuivre ou
d'argent ; mettez du soufre dessous cette
pièce et l'en ayant couverte également
en dessus, allumez-le.

Lorsque le soufre sera éteint, si vous
retirez cette pièce, vous la trouverez ordinairement partagée en deux parties
égales selon son plan, sans que pour cela

son empreinte cesse de paraître de chaque côté de ces deux différentes parties, excepté que sur l'une d'elles elle sera en creux, au lieu d'être en relief.

La partie la plus subtile du soufre s'insinue de part et d'autre entre celle du métal que le feu a dilatée, et y forme une couche de matière grasse et étrangère qui en empêche la réunion.

Graver sur l'acier. On fait chauffer l'acier et on le frotte avec de la cire blanche, de manière à ce qu'il en reste une couche bien unie d'environ une ligne, on écrit alors avec une plume qui pénètre jusqu'à l'acier ; on verse sur la gravure un peu de vinaigre qu'on saupoudre avec du deutochlorure de mercure (sublimé corrosif); deux minutes après on expose l'acier à une douce chaleur pour enlever la cire, et on aperçoit bien distinctement la gravure sur l'acier.

On grave sur le verre à peu près de la même manière. Après avoir bien dégraissé un morceau de glace ou de toute autre espèce de verre, on le recouvre avec de la cire ; quand elle est refroidie on trace dessus les dessins que l'on veut, de manière à pénétrer jusqu'au verre, ainsi qu'on l'a fait dans l'expérience précédente ; on le plonge ensuite dans l'acide sulfurique et l'on saupoudre de fluate de chaux ; au bout d'un certain temps on fait chauffer le verre pour enlever la cire, et l'on trouve tous les traits reproduits en creux.

DORER LA SOIE. On ajoute à trois parties d'eau distillée une dissolution d'une partie de nitro-muriate d'or, et on y plonge la pièce que l'on veut dorer, et que l'on place ensuite dans une cloche pleine de gaz hydrogène.

On dore l'ivoire et le satin de la même manière.

DORER L'ACIER. On le plonge dans une dissolution éthérée d'or, et après l'avoir retiré, on laisse évaporer l'éther.

DORER LES TISSUS. On les plonge dans l'éther phosphorique, et quand ils sont presque secs et ne produisent plus de fumée, on répète cette opération dans une solution de nitro-muriate d'or.

ARGENTER LA SOIE. On dessine avec une solution de nitrate d'argent, et l'on expose le dessin humide à l'action du gaz hydrogène.

SINGULIÈRE LAMPE. Mettez dans une bouteille à moitié pleine d'eau de la limaille de fer et de l'acide sulfurique; bouchez cette bouteille avec un bouchon de liège traversé par un tube de verre ou de fer; au bout de quelques instants, il se produira assez de gaz hydrogène pour que, approchant de ce tube une bougie allumée, ce gaz s'enflamme. Il brûlera ainsi tant que le mélange en produira une assez grande quantité; et ce sera une véritable lampe.

OR FULMINANT. Après avoir fait dissoudre des feuilles d'or dans l'acide appelé communément eau régale, il faut jeter cette dissolution dans un quantité d'eau distillée d'environ quatre fois son volume, et ajouter à ce mélange de l'ammoniaque, jusqu'à ce qu'il ne se forme plus de précipité; que l'on filtre ensuite ce mélange, la poudre jaune qui restera sur le filtre sera de l'or seulement. Quelques grains de cette poudre exposés à la flamme d'une bougie suffisent pour produire une violente explosion. Lorsque le temps est sec, le moindre contact suffit pour faire détonner cette dangereuse poudre.

ARGENT FULMINANT. Que l'on fasse dissoudre de l'argent pur dans de l'eau forte étendue d'un peu d'eau, et qu'on ajoute un peu d'eau de chaux; le métal se précipite. Après avoir filtré et séché, que l'on jette sur ce produit un peu d'ammoniaque liquide, et l'on obtiendra une poudre noire qui sera de l'argent fulminant; il détonne avec plus de violence, et il suffit du contact le plus léger, ou d'une goutte d'eau jetée à sa surface pour qu'il fasse explosion, et renverse tout autour de lui.

Mercure fulminant. Faites dissoudre du mercure dans de l'eau forte chaude ; ajoutez, après la dissolution, moitié autant d'esprit de vin qu'il y aura d'eau forte, et faites chauffer le tout jusqu'à ce que vous aperceviez une certaine fermentation ; alors il se formera de la fumée à la surface du liquide, et le mercure se précipitera ; ce sera du mercure fulminant. Ce produit est moins dangereux que les deux précédents, attendu qu'il ne fait jamais explosion spontanément. Sa force d'expansion est cependant considérable, et on l'emploie avec succès pour faire sauter des quartiers de rochers.

Couper les bras, crever les yeux. Un escamoteur finissait un tour, lorsque son domestique, en habit d'arlequin, vint lui appliquer, sur les épaules, deux ou trois coups de plats de sabre. Le maître, fâché de cette insulte, ou feignant de l'être, poursuivit Arlequin avec un couteau de chasse, en le menaçant de lui couper la tête comme à un dindon. Arlequin fuyait de toutes ses forces; mais il fut bientôt pris. Voilà les deux champions qui se prennent au collet, qui se poussent et se repoussent à forces égales; un instant après, Arlequin semble avoir l'avantage, en tâchant de s'échapper il entraîne son maître dans la coulisse; ensuite son maître le ramène sur le théâtre; Arlequin, pour mieux résister à celui qui le tiraille ainsi, embrasse une colonne, et se tient ferme à ce point d'appui. Le maître, qui ne peut lui faire lâcher prise, prend une corde et attache les bras et les jambes d'Arlequin à la colonne. Arlequin l'insulte; le maître perdant patience, le frappe de son couteau de chasse, lui coupe les poings et jette ses deux mains à terre. (fig. 5, page 39) En même temps il lui crève les deux yeux, en disant : Je te conseille de vendre tes lunettes et de ne pas accepter de lettres-de-change payables à vue. Je peux aussi, répond Arlequin, vendre ma paire de gants, et ne pas m'obliger, envers qui que ce soit, de lui prêter main-forte; cependant, continue-t-il, je suis fâché que vous ayez fait main-basse en tombant sur moi à bras raccourci, parce que je ne pourrai plus jouer à la main-chaude; mais ce qui me console, c'est qu'on ne m'accusera pas d'avoir les doigts crochus.

Tu te repentiras, dit le maître, d'avoir été si insolent.

Je pourrai bien m'en repentir, répond Arlequin, mais je ne m'en mordrai point les doigts au reste, continue-t-il, vous m'avez rogné les ongles si près du poignet que je ne peux plus me gratter. Je te gratterai moi-même, répondit le maître, s'il arrive que la main te démange ; mais quoi que je fasse pour toi, ce ne sera pas pour tes beaux yeux.

Ce dialogue prouvait suffisamment

qu'Arlequin n'était pas bien malade ; aussi le maître s'avança sur le bord du théâtre en disant : Ne croyez pas, Messieurs, que j'aie voulu rendre manchot un homme qui gagne pour moi de l'argent à pleines mains ; mon but était seulement de vous faire sourire : je pense qu'il est inutile de vous dire que je n'ai crevé que des yeux d'émail enchâssés dans une tête de bois, et qu'en coupant des bras de carton, je n'ai perdu tout au plus que deux mains de papier. Cependant Arlequin, qui s'était détaché de sa colonne, vint sur le bord du théâtre avec un emplâtre sur les yeux et ses deux bras raccourcis (c'étaient deux bras postiches, car les deux autres étaient cachés sous son habit); après avoir poussé un profond soupir, comme un homme qu'on vient de mutiler, et dit : Ne l'écoutez pas, Messieurs, car il voudrait vous faire croire qu'il n'est pas sorcier; cependant il est certain que par le sortilége de son maître, Arlequin que voilà sera bientôt guéri.

Monnaie sortie de la main et retrouvée dans les souliers. Cachez secrètement une pièce de cinq ou de dix sols dans un de vos souliers, ou encore mieux, dans le soulier d'une personne d'intelligence. (Si vous pouviez la glisser a l'insu de quelqu'un dans ses bottes ou souliers, ce tour en deviendra beaucoup plus surprenant.) Ensuite mettez un petit morceau de cire sur l'ongle du troisième doigt de votre main droite. Ces préparatifs étant faits, demandez à la compagnie de vous prêter une pièce de monnaie pareille à celle que vous avez cachée; étendez votre bras droit, faites-vous la mettre dans le creux de la main : et après avoir fait voir à toute la compagnie qu'elle y est encore, fermez la main de manière que l'ongle sur lequel vous avez mis la cire, se trouve appliqué justement sur la pièce; serrez le poignet, dites à trois différentes personnes de souffler dessus; et, ouvrant alors subitement la main, vous la tiendrez au haut, pour faire voir que l'argent en a disparu ; après quelques discours convenables, accusez la personne que vous savez de vous l'avoir escamotée ; elle s'en défendra ; priez alors quelque autre de la compagnie de lui ôter les souliers, et tout le monde sera bien étonné de trouver là cette pièce, malgré que vous n'ayez pas bougé votre bras.

FAIRE TROUVER UN ŒUF ENTIER DANS UNE BOUTEILLE. Mettez un œuf pendant un ou deux jours dans du vinaigre très-fort ; lorsque vous verrez que cet œuf se sera assez amolli, sortez-le et roulez-le dans les mains, jusqu'à ce qu'il ait pris une forme assez mince pour pouvoir le faire passer par le cou d'une bouteille, que vous remplirez ensuite avec de l'eau froide, par l'effet de laquelle l'œuf reprendra sa première forme et sa dureté.

LES QUATRE ROIS INDIVISIBLES. On prend quatre rois ; dessous le dernier on met deux autres cartes indifférente

que l'on cache adroitement ; ensuite on
ne montre que les quatre rois, et on
met ces six cartes sur le jeu ; on prend
un roi que l'on met dessus, une des
cartes indifférentes que l'on met vers
le milieu du jeu, l'autre que l'on place
de même, et on fait voir qu'il reste un
autre roi dessous. On fait couper, et
comme il est resté trois rois dessous le
jeu les quatre rois se trouvent alors
réunis ensemble au milieu du jeu.

L'HÔTESSE ET LES TROIS BUVEURS. On
met secrètement un des quatre valets
au-dessous du jeu ; on prend les trois
autres et une dame que l'on met sur la
table : montrant ces trois valets, on dit :
« Voilà trois drôles qui se sont bien di-
« vertis et ont bien bu au cabaret, mais
« qui n'ont point d'argent pour payer ;
« ils complotent ensemble de s'enfuir
« sans payer l'hôtesse que voilà (*on
« montre la dame*) ; à cet effet, ils lui
« disent d'aller chercher du vin à la
« cave, et pendant ce temps-là ils s'en-

« fuient chacun de leur côté. » [On met alors un des valets au-dessus du jeu, un autre au-dessous et le dernier au milieu du jeu.] « L'hôtesse étant de re« tour et ne les trouvant plus, veut « courir après eux (*on met la dame au*« *desous du jeu*), et elle attrape mes « trois gaillards. » [On fait couper et remarquer que la dame se trouve avec les trois valets.]

Nota. Comme il se trouve un valet qui n'est pas de la couleur de ceux qn'on a fait voir, il faut réformer le jeu aussitôt que l'on a laissé apercevoir cette dame avec les trois valets.

FAIRE PARAITRE A UNE PERSONNE ENFERMÉE DANS UNE CHAMBRE CE QUE QUELQU'UN DÉSIRERA. Cet amusement se fait par intelligence avec une personne de la compagnie.

Convenez secrètement avec une personne de la compagnie que lorsqu'elle sera enfermée dans une chambre voisine, et qu'elle vous entendra frapper un coup, cela lui désignera la lettre A; que si vous en frappez deux, ce sera la lettre B, et ainsi de suite suivant l'ordre des vingt-quatre lettres de l'alphabet; proposez ensuite de faire voir à la personne qui voudra s'enfermer dans une chambre voisine, tel animal qu'une autre de la compagnie désirera ; et afin qu'un autre que celui avec lequel vous vous entendez ne vienne à s'offrir, annoncez qu'il faut que celle qui va y entrer soit bien hardie, sans quoi elle ne doit pas s'y exposer ; la personne convenue s'offrira, alors ayant allumé une lampe qui répande une clarté lugubre, donnez-la lui en lui disant de la mettre au milieu de la chambre, et de n'avoir aucune frayeur de ce qu'elle verra.

La personne étant enfermée dans la chambre, vous prendrez un carré de papier noir avec un morceau de crayon blanc, et vous proposerez à une personne d'y écrire le nom de l'animal qu'elle souhaite qu'on voie ; vous reprendrez ce papier pour le brûler à une lampe, et vous mettrez sa cendre dans un mortier sur lequel vous jetterez une poudre à laquelle vous attribuerez beaucoup de vertu ; vous lirez ce qui aura été écrit, qu'on suppose ici être un *coq* ; alors, prenant un pilon comme pour triturer le tout dans un mortier, vous frapperez trois coups pour désigner à la personne cachée la lettre C, et vous ferez ensuite quelques roulades avec le pilon pour l'avertir qu'il n'y a plus de coups à donner ; vous recommencerez ensuite à frapper uatorze coups pour désigner la lettre O, et vous répéterez la roulade, et ainsi de suite ; vous demanderez alors à la personne ce qu'elle voit ; elle ne répondra pas d'abord afin de faire croire qu'elle est effrayée ; enfin après plusieurs demandes elle dira qu'il lui semble avoir vu un *coq*.

Nota. Pour ne point se tromper dans les lettres, il suffit de part et d'autre de prononcer en soi-même les lettres de l'alphabet, suivant leur ordre à chaque coup que l'on frappe, ou que l'autre entend. On peut par ce même moyen supposer qu'on fait paraitre le fantôme d'une personne décédée, au choix de quelqu'un de la compagnie.

OISEAU MORT ET RESUSCITÉ. Il faut vider deux œufs, prendre la moitié de la coque de chacun, et rajuster ces deux moitiés ensemble, à l'aide d'une petite bande de papier qu'il faut y coller en forme de zone ou d'équateur. Étant ainsi arrangées, elles représentent un œuf, et peuvent contenir un petit serin vivant, pourvu qu'on ait eu soin d'y faire un petit trou avec une épingle pour ne pas gêner sa respiration. Dans l'instant où l'on met cet oiseau entre les mains de la personne qui veut l'accepter, on l'étouffe en le serrant fortement entre l'index et le pouce. Ensuite il faut le mettre sous un verre, sur une trappe, afin que le compère puisse en substituer un vivant.

Nota. Pour ne pas manquer ce tour, lorsqu'on donne à choisir un des œufs, il faut, s'il n'y a pas un serin dans chacun, mettre celui qui contient l'oiseau du côté de la personne qui va faire le choix. Cette personne choisira naturellement le plus proche, parce que n'ayant encore aucune idée du tour qu'on va faire, elle n'a aucun intérêt, aucune raison de prendre le plus éloigné; toutefois, si elle choisit ce dernier, le tour ne sera pas manqué; on cassera cet œuf, en disant : Vous voyez, Madame, que c'est un œuf frais et naturel; il ne serait de même de l'autre si vous l'aviez choisi. Voulez-vous qu'il y ait dans le second une souris ou un serin? Elle se décidera naturellement pour l'oiseau; cependant, si elle demandait la souris, il semble d'abord qu'on serait attrapé; mais on pourra s'en tirer par une seconde ruse. On fera la même question à d'autres dames : on recueillera les suffrages, et la majorité se trouvera vraisemblablement pour le serin ;

mais enfin, si la pluralité des voi
était pour la souris, que ferait-or
puisqu'on ne peut montrer qu'un oi
seau? Mon cher lecteur, si aprés ce qu
nous avons dit vous craignez encor
dé manquer ce tour, si votre génie n
vous fournit aucun moyen, servez-vou
de celui-ci : faites semblant de ne p
faire attention à ceux qui préfèrent l
petit quadrupède, adressez-vous à un
des personnes qui veulent un serin; d
mandez s'il le faut mort ou vivant, e
pour être sûr de votre fait, tenez-vou
prêt à l'étouffer en cas de besoin.

L'ÉCU ET LE BAS. Un écu de cin
francs étant caché dans l'intérieu
d'un bas, à l'extrémité du pied, qu
sera noué avec un ruban au-dessou
de l'écu, et le haut du bas étant ten
par une personne, faire sortir l'éc
sans faire d'ouverture au bas.

Il faut avoir un fil de fer un peu for
et lui donner la rondeur et le diamètr
d'un écu de cinq francs, ayant soin d

l'aiguiser par les deux bouts, pour qu'il puisse aisément piquer. Vous les tenez cachés dans la main gauche ; et après vous être fait donner un bas dont le pied ne soit pas troué, vous demandez à une personne de la compagnie un écu de cinq francs, que vous mettez pareillement dans la main gauche ; et, en mettant cet écu dans le bas, vous substituez en sa place le fil de fer, que vous faites glisser jusqu'au bout du pied. Vous faites nouer ensuite le bas au-dessous de ce faux écu ; et, retirant le véritable écu de cinq francs, vous faites alors tenir le haut du bas par quelqu'un : vous cachez le pied avec un mouchoir pour retirer le fil de fer, qui sort sans peine : vous l'escamotez, et vous montrez l'écu de cinq francs.

GRAVURE SUR ŒUF FRAIS. Vous choisirez un œuf dont la coquille soit un peu épaisse : vous le laverez bien dans l'eau fraîche, et vous l'essuyerez ensuite bien exactement avec un linge ; cette opération faite vous mettrez un peu de suif ou de graisse dans une cuillère d'argent; vous la présenterez ensuite sur le feu. La graisse fondue et bien chaude vous servira au lieu d'encre pour tracer avec une plume taillée, mais qui n'ait point encore servi, tel dessin qu'il vous plaira. Votre dessin fini, vous prendrez l'œuf par les deux extrémités entre deux doigts, et le poserez doucement dans un gobelet rempli de bon vinaigre blanc; vous l'y laisserez pendant trois heures et demie de temps : durant cet intervalle, l'acide du vinaigre rongera suffisamment une partie de l'épaisseur de la coquille de l'œuf; et ne pouvant produire le même effet sur les endroits dessinés avec de la graisse, tous les traits recouverts conserveront leur épaisseur, et formeront le relief désiré.

On peut, par ce moyen, dessiner sur un œuf tel objet que l'on voudra.

FAIRE TENIR UN ŒUF SUR SA POINTE. Pour faire qu'un œuf se tienne droit sur sa pointe, sans tomber, sur un plan aussi uni que la glace d'un miroir, il faut que ce plan soit bien horizontal et ne penche pas plus d'un côté que de l'autre : puis on agite l'œuf assez longtemps, de manière que le blanc et le jaune soient bien mêlés ensemble. Si dans cet état on met l'œuf sur le plan horizontal, et l'y élevant sur sa pointe il demeurera dans cette situation sans tomber, à cause de l'équilibre qui se trouve de tous côtés par les parties du jaune d'œuf également mêlées avec le blanc; ce qui fait que le centre de gravité de l'œuf demeure dans la ligne de direction, et qu'ainsi l'œuf demeure droit et ferme sans tomber.

CARTE CLOUÉE AU MUR D'UN COUP DE PISTOLET. On fait tirer une carte, et l'on prie la personne qui l'a choisie d'en déchirer un petit coin, et de le garder pour la reconnaître. On prend la carte ainsi échancrée ; on achève de la déchirer, et on la réduit en cendres. On fait charger un pistolet où les cendres se mêlent et se confondent avec la poudre ; au lieu d'une balle de plomb, on fait mettre dans le canon un clou marqué par quelqu'un de la compagnie, ensuite on jette le jeu de cartes en l'air, on tire un coup de pistolet ; et la carte brûlée se trouve clouée au mur. On y rapporte le morceau déchiré qui y cadre parfaitement, et le clou qui la tient est reconnu par celui qui l'a marqué.

EXPLICATION. Quand le faiseur de tours voit qu'on a déchiré un coin de la carte choisie, il passe dans son cabinet, prend une carte pareille, et y fait une déchirure semblable. Revenu sur le théâtre, il demande la carte choisie, la fait passer subtilement sous le jeu, et y substitue adroitement celle qu'il vient de préparer, pour la brûler à la place de la première.

Quand le pistolet est entièrement chargé, il le prend pour la première fois, sous prétexte de montrer comment il faut l'armer, le tirer et le manier, il profite de cette circonstance pour ouvrir un trou qui s'y trouve sous le canon, près de la lumière; c'est alors et par ce moyen qu'il escamote le clou, qui, par son propre poids, lui tombe dans la main : faisant ensuite glisser sur cette ouverture une espèce de virole de fer, il l'assujettit et la fixe dans cet endroit, pour qu'on ne s'aperçoive de rien dans ce moment. Il prie encore quelqu'un de remettre de la poudre et du papier dans le pistolet, il profite de cet instant pour apporter la carte et le clou à son compère : celui-ci la cloue bien vite sur un morceau de bois carré, qui sert à boucher hermétiquement un trou pratiqué dans la cloison et dans la tapisserie, mais qu'on ne voit point, parce qu'il est couvert par un morceau de tapisserie pareille. Par ce moyen, la carte qu'on vient d'appliquer au mur ou à la cloison ne paraît point encore; le morceau de tapisserie qui la couvre est faiblement attaché, d'un côté, avec deux épingles, et de l'autre, il tient un fil, dont le compère tient un bout dans sa main. Aussitôt que ce dernier entend le coup de pistolet, il tire le fil pour faire passer rapidement le morceau de tapisserie derrière une glace; la carte parait, et comme c'est la même qu'on a marquée, avec le clou qu'on avait mis dans le pistolet, il n'est pas étonnant que ce tour, difficile à deviner par sa complication, ait obtenu les applaudissements du grand nombre.

Nota. Si quelqu'un soupçonne qu'on a escamoté le clou dans le pistolet, on proteste contre ses soupçons, et on le prie de revenir le lendemain pour voir le contraire, alors on lui présente un pistolet, dont on démonte toutes les pièces, pour faire voir qu'il n'y a aucune opération : on le fait charger avec un clou, qu'on fait marquer par une personne d'intelligence, ou on le montre à plusieurs personnes en oubliant à dessein de le faire marquer.

Dans ce cas, la carte se trouve clouée avec un autre clou; mais, pour persuader à la compagnie que c'est le même, on assure hardiment que le clou a été remarqué par plusieurs personnes, et on invite les spectateurs à venir le reconnaître.

OMELETTE CUITE DANS UN CHAPEAU A LA FLAMME D'UNE CHANDELLE. Un escamoteur dit qu'il allait faire une omelette ; cassa quatre œufs dans un chapeau; posa, pour un instant, le chapeau sur la flamme d'une chandelle, et bientôt après, il montra une omelette toute cuite et toute chaude. Bien des personnes crurent qu'à l'aide de quelques ingrédients, on avait pu faire cuire des œufs presque sans feu; mais il n'en était rien. L'omelette était cuite d'avance dans le chapeau, mais on ne la voyait pas, parce que le faiseur de tours tenait son chapeau à une certaine hauteur, les œufs qu'il cassait dans son chapeau n'étaient que des œufs vides;

mais, ce qui faisait croire le contraire,
c'est, qu'en cassant ses œufs, il en lais-
sait tomber comme par mégarde, un
qui était plein : le jaune qui se ré-
pandait alors sur la table, faisait croire
que les autres n'étaient pas vides.